Développement de Modèles de Trafic et de Mobilité dans les réseaux NGN

Bassem Boussetta

Développement de Modèles de Trafic et de Mobilité dans les réseaux NGN

SUP'COM, Mai 2005

Éditions universitaires européennes

Mentions légales / Imprint (applicable pour l'Allemagne seulement / only for Germany)
Information bibliographique publiée par la Deutsche Nationalbibliothek: La Deutsche Nationalbibliothek inscrit cette publication à la Deutsche Nationalbibliografie; des données bibliographiques détaillées sont disponibles sur internet à l'adresse http://dnb.d-nb.de.
Toutes marques et noms de produits mentionnés dans ce livre demeurent sous la protection des marques, des marques déposées et des brevets, et sont des marques ou des marques déposées de leurs détenteurs respectifs. L'utilisation des marques, noms de produits, noms communs, noms commerciaux, descriptions de produits, etc, même sans qu'ils soient mentionnés de façon particulière dans ce livre ne signifie en aucune façon que ces noms peuvent être utilisés sans restriction à l'égard de la législation pour la protection des marques et des marques déposées et pourraient donc être utilisés par quiconque.

Photo de la couverture: www.ingimage.com

Editeur: Éditions universitaires européennes est une marque déposée de
Südwestdeutscher Verlag für Hochschulschriften GmbH & Co. KG
Heinrich-Böcking-Str. 6-8, 66121 Sarrebruck, Allemagne
Téléphone +49 681 37 20 271-1, Fax +49 681 37 20 271-0
Email: info@editions-ue.com

Produit en Allemagne:
Schaltungsdienst Lange o.H.G., Berlin
Books on Demand GmbH, Norderstedt
Reha GmbH, Saarbrücken
Amazon Distribution GmbH, Leipzig
ISBN: 978-3-8417-8588-6

Imprint (only for USA, GB)
Bibliographic information published by the Deutsche Nationalbibliothek: The Deutsche Nationalbibliothek lists this publication in the Deutsche Nationalbibliografie; detailed bibliographic data are available in the Internet at http://dnb.d-nb.de.
Any brand names and product names mentioned in this book are subject to trademark, brand or patent protection and are trademarks or registered trademarks of their respective holders. The use of brand names, product names, common names, trade names, product descriptions etc. even without a particular marking in this works is in no way to be construed to mean that such names may be regarded as unrestricted in respect of trademark and brand protection legislation and could thus be used by anyone.

Cover image: www.ingimage.com

Publisher: Éditions universitaires européennes is an imprint of the publishing house
Südwestdeutscher Verlag für Hochschulschriften GmbH & Co. KG
Heinrich-Böcking-Str. 6-8, 66121 Saarbrücken, Germany
Phone +49 681 3720-310, Fax +49 681 3720-3109
Email: info@editions-ue.com

Printed in the U.S.A.
Printed in the U.K. by (see last page)
ISBN: 978-3-8417-8588-6

ÉCOLE SUPÉRIEURE DES COMMUNICATIONS DE TUNIS

RAPPORT DE PROJET DE FIN D'ETUDES

Filière

Ingénieurs en Télécommunications

Option

Réseaux mobiles

Développement de Modèles de Trafic et de Mobilité dans les réseaux Radio Mobiles de 3ème et 4ème Générations

Elaboré par

Bassem BOUSSETTA

Encadré par

Mlle Houda KHEDHER

Mme Asma BEN LETAIFA

Année universitaire : 2004/2005

À ma mère, à mon père,

À mes sœurs et mes frères.

Remerciements

Je tiens à exprimer ma profonde gratitude à mes deux encadreurs : Mlle **Houda KHEDHER** et Mme **Asma BEN LETAIFA** pour leur encadrement, leur disponibilité et les précieux conseils qu'elles m'ont prodigués tout au long de ce travail.

Mes remerciements s'adressent également à tous mes professeurs pour m'avoir tant donné, ainsi qu'au personnel de SUP'COM pour les moyens qu'ils nous ont offerts pour mener à terme notre formation.

Mes vifs remerciements aux membres du jury pour l'honneur qu'ils me font en acceptant de juger ce travail.

Table des matières

Liste des figures

Liste des tableaux

Liste des abréviations

3GPP	3rd Generation Partnership Project
BMC	Broadcast Multicast Control
CA	Contrôle d'Admission
CBR	Constant Bit Rate
CDMA 2000	Code Division Multiple Access
EDGE	Enhanced Data for GSM Evolution
EIR	Equipment Identity Register
FDD	Frequency Division Duplex
GGSN	Gateway GPRS Support Node
GoP	Group of Pictures
GPRS	General Packet Radio Service
HLR	Home Location Register
HSCSD	High Speed Circuit Switched Data
IETF	Internet Engineering Task Force
ITU	International Telecommunication Union
MAC	Medium Access Control
MSC	Mobile switching Center
OMC	Operation and Maintenance Center
PDCP	Packet Data Convergence Protocol
PIM	Personal Information Management
UMTS	Universal Mobile Télécommunication Services
UTRA	UMTS Terrestrial Radio Access
UTRAN	UMTS Terrestrial Radio Access Network
RLC	Radio Link Control
RNC	Radio Network Controller
RNS	Radio Network Subsystem
RRC	Radio Resource Controller
RSVP	Ressources ReSerVation Protocol
SDU	Service Data Unit
SGSN	Service GPRS Support Node
SMS	Short Messages Center
TDD	Time Division Duplex
VBR	Variable Bit Rate
VLR	Visitor Location Register

Introduction générale

Durant les dernières années, le téléphone mobile et la transmission de données à travers Internet ont connu un développement et une extension mondiale, devenant ainsi les deux principaux succès du domaine des télécommunications. Ce succès a été marqué finalement par la convergence de ces deux acteurs. Cependant, les réseaux mobiles de la deuxième génération tel que le GSM et ceux de la génération 2.5 comme le GPRS ne répondaient plus aux besoins croissants des utilisateurs et aux exigences des applications multimédia, pour se trouver ainsi dépassés par les nouvelles orientations des opérateurs vers l'ère des services multimédia et du haut débit.

La nouvelle ère est le témoin de l'apparition des nouvelles générations des réseaux mobiles, à savoir ses deux principaux acteurs l'UMTS et la CDMA 2000. Le grand défi de cette nouvelle génération est de pouvoir combiner la mobilité avec l'accès à toutes sortes de service, en particulier les applications multimédia si prises par cette nouvelle ère de communications.

C'est dans ce contexte que s'inscrit notre travail qui consiste à concevoir une plateforme de simulation de systèmes de troisième génération tenant en considération les caractéristiques des différents types de trafic et les caractéristiques marquant la mobilité des usagers. Nous développons des modèles de trafic et de mobilité pour des usagers entrain de bénéficier des services radio mobiles multimédia. Il s'agit en premier lieu de décrire des scénarios de demande de services et de mobilité, ensuite de générer le trafic selon ces modèles et saisir les spécifications de l'utilisateur de la plateforme pour pouvoir à la fin dégager des statistiques et des observations caractérisant le système. Dans le cas où la configuration ne répond pas aux attentes des usagers et/ou de l'opérateur, ce dernier fera de telle sorte qu'il modifiera la configuration de son réseau en une autre en changeant les spécifications de son système pour l'adapter à la nouvelle demande.

Notre étude a pour objectif de concevoir une plateforme de simulation pour servir au processus de planification et de déploiement des applications de services selon la mobilité et le profil variables des usagers dans un système radio mobile de troisième génération.

A défaut de paramètres réels récupérés depuis un opérateur de téléphonie mobile, nous nous sommes basés sur notre propre architecture, nous avons posé des scénarios de mobilité des usagers et installé des applications de services là où les usagers du réseau expriment le besoin de les utiliser. Une fois l'architecture de la plateforme mise en place, nous avons adapté des scénarios de déplacement et de demande de services différents. Nous générerons différents types de trafic selon la demande des usagers, leur profil et la variation de leurs déplacements. Nous récupérons à la sortie des statistiques qui mesurent l'état des différentes configurations auxquelles est soumise notre plateforme.

Les statistiques récupérées peuvent être utilisées par la suite pour une étude de performance de l'architecture proposée et serviront aussi au déploiement de nouveaux services, à l'installation de nouveaux équipements ou à leur migration selon les besoins et les demandes exprimées des usagers.

Ce manuscrit est organisé comme suit : dans le premier chapitre nous présentons les systèmes de troisième génération en décrivant les concepts de base qui leur sont liés ainsi que l'architecture de l'UMTS. Dans le chapitre 2, nous donnons un état de l'art des modèles de trafic et de mobilité rencontrés dans la littérature. Ensuite, nous décrivons dans le chapitre 3 l'approche adoptée pour la conception de la plateforme. Enfin, nous présentons dans le dernier chapitre plateforme réalisée, quelques études de cas et une analyse de ses performances et de son fonctionnement.

Chapitre 1 : Les réseaux mobiles de la nouvelle Génération

Introduction

Durant les dernières décennies, les réseaux mobiles ont connu un développement et une extension mondiale, devenant ainsi le principal succès du domaine des télécommunications. Ceux-ci permettront de faire converger la téléphonie, les données et le multimédia en introduisant divers services qui viennent s'ajouter au service de voix. Les utilisateurs se trouveront entraînés vers les nouvelles générations par une avalanche de nouvelles applications mobiles multimédia indispensables, qui n'ont pu voir le jour que grâce aux capacités évoluées des réseaux 3G et 4G.

Cette nouvelle génération des réseaux radio mobiles peut être représentée par plusieurs solutions, dont on peut citer les trois standards en concurrence : CDMA 2000, EDGE et UMTS.

I. Historique

I.1 Les premières Générations des réseaux mobiles

La téléphonie mobile a connu dans son histoire trois grandes phases ou générations : la première génération était analogique, la deuxième est numérique mais orientée circuit, offrant des solutions permettant des transferts de données à faible débit (utilisant WAP ou I-mode). Il existe aussi une génération 2+ connue sous le nom GPRS(General Packet Radio Service), qui est une évolution du système GSM, intégrant la commutation de paquets pour le transfert de données. La troisième génération a été conçue pour satisfaire l'acheminement de communications multimédia (accès à Internet, accès aux Intranet d'entreprise, messageries unifiées multimédia dans un contexte PIM (Personal Information Management), visioconférence, jeux vidéo, échanges instantanés de type forum multimédia. Le nom générique pour les différentes normes 3G est IMT-2000.

Le tableau suivant [1] résume ces différentes générations :

1ère génération	2ème génération	génération 2+	3ème génération - IMT-2000
Téléphones mobiles Ce sont les téléphones sans fil analogiques	GSM (Global System for Mobile Communication) Utilisé en Europe et en Amérique 62 % des terminaux	GPRS (General Packet Radio Service) extension du GSM pour les communications de données	EDGE (UWC-136) (Enhanced Data rates for Global Evolution) Une évolution du GSM/GPRS et du TDMA EDGE est aussi parfois appelé E-GPRS (Enhaced GPRS)
	D-AMPS (IS-136) (Digital Advance Mobile Phone System) plus connu sous le nom TDMA (ANSI-136) Utilisé en Amérique et en Asie Pacifique 19 % des terminaux		UMTS (Universal Mobile Telecommunications System) Une évolution du GSM
	PDC (Personal Digital Cellular) Utilisé au Japon 8 % des terminaux		CDMA2000 (Code Division Multiple Access) Une évolution du cdmaOne
	cdmaOne (IS-95) de Qualcomm (Code Division Mulitiple Access) Utilisé en Amérique 11 % des terminaux		

Tableau 1. 1 : Différentes générations des systèmes mobiles.

I.2 Les systèmes 4G

Les systèmes mobiles 2G et 3G communiquent tous avec un ensemble de bases fixes. Si les coûts d'infrastructure sont réduits, ils demandent de gros efforts, en particulier pour certains endroits moins adaptés : Les milieux ruraux qui nécessitent d'installer des antennes pour peu de trafic et les véhicules en mouvement comme les trains ou les avions.

Les systèmes 4G sont conçus pour l'interconnexion de différents types de réseaux (Wifi, bloothooth, UMTS, GPRS etc.). La communication commence dans un type de réseau et finit dans un autre.

La prochaine génération des systèmes mobiles propose de supprimer purement et simplement les bases fixes. Dans ces réseaux "Ad-Hoc", les données se propagent de mobile en mobile. Chaque terminal mobile devient un routeur et achemine le signal à ses voisins.

Un tel système est particulièrement bien adapté à un flot de voitures. Cela permet de propager les communications dans le flot jusqu'à un endroit équipé d'une base fixe reliée au reste du monde. Cela permet également d'échanger des informations entre les voitures aux alentours tels que la position, la vitesse et les moments de freinage.

II. Le système UMTS

Le GSM, premier système de téléphonie mobile efficace, économique et universel répondant aux exigences d'interconnexion et de mobilité du monde contemporain, a été rapidement adopté par les utilisateurs ces dix dernières années. Le GSM évolue constamment pour se maintenir à la hauteur de ce succès tout en participant à la convergence des mondes de l'informatique et des télécommunications dont notre époque est le témoin. La technique HSCSD (High Speed Circuit Switched Data) permet au terminal mobile de se complexifier pour autoriser des débits supérieurs. Avec le GPRS, le réseau s'adapte à la communication de paquets de données. EDGE (Enhanced Data for GSM Evolution) renouvelle l'interface radio pour offrir des débits plus élevés. L'UMTS (Universal Mobile Telecommunications System) transforme encore plus radicalement l'interface radio pour offrir des services mobiles équivalents à ceux offerts sur les réseaux fixes. Tous issus de normes européennes, ces différents systèmes de communication avec des mobiles sont aujourd'hui mondialement connus.

II.1 Objectifs de l'UMTS

Aujourd'hui, le GSM propose le transfert de données en mode circuit avec un débit allant jusqu'à 9Kbit/s. Il est envisagé de développer la transmission à plus haut débit en mode circuit (HCSD) et la transmission de données en mode paquet (GPRS, EDGE).

L'UMTS (comme les autres normes 3G) est concernée par 4 jeux de force :

- La convergence entre informatique, télécommunication et audiovisuel (extension aux données et au mix voix/données).
- L'utilisation de nouvelles ressources en fréquence. La norme 3G offrira une meilleure efficacité spectrale (plus de débit sur une même plage de fréquence).
- La migration d'applications et services plus diversifiés et plus développés.
- Les évolutions technologiques (réseau, système …).

II.2 Apport de l'UMTS

La notion de service est devenue primordiale dans le système UMTS, et en fait dans tous les systèmes de la troisième génération. C'est en d'autres termes la clé de réussite de tels systèmes.

La gamme de services UMTS englobe des services traditionnels comme la transmission à haut débit et d'autres nouveaux. Il fournira ainsi un meilleur compromis capacité/coût avec un débit de 384 Kb/s pour tout le monde en mode mobile et 2Mb/s en situation "fixe". Les nouveaux services doivent répondre à 3 exigences : un contenu multimédia, la mobilité et la valeur ajoutée (le grand public doit pouvoir payer le surcoût des services).

Dans la figure 1.1 [2], on représente une prédiction concernant la répartition des nouveaux services qui ont apparu avec les systèmes de la troisième génération.

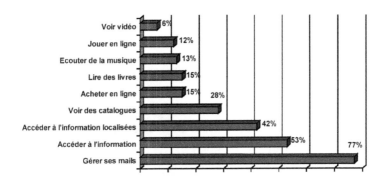

Figure 1. 1 : Répartition des nouveaux services.

II.3 Architecture de l'UMTS

L'architecture UMTS s'appuie sur la modularité (signalisation séparée du transport d'informations).L'UMTS se définit en trois domaines [3] [4] : le domaine utilisateur, le domaine d'accès radio UTRAN (UMTS Terrestrial Radio Access Network) et le réseau cœur. Ces domaines sont séparés par des interfaces respectivement Uu et Iu.

II.3.1 Domaine utilisateur

Le domaine utilisateur est similaire à ce qui a été défini en GSM. Il se compose d'un terminal capable de gérer l'interface radio et d'une carte à puce, la carte U-SIM, qui contient les caractéristiques de l'utilisateur et de son abonnement.

II.3.2 Domaine du réseau cœur (core network)

Ce domaine est semblable à celui du GPRS. Scindé en deux parties, le réseau cœur comprend :

- Un réseau cœur de type circuit composé de commutateurs circuits (MSC : Mobile switching Center), de passerelles vers les réseaux téléphoniques publics et de serveurs dédiés aux SMS (Short Messages Center).
- Un réseau cœur de type paquet composé par des commutateurs de paquets (SGSN : Service GPRS Support Node et GGSN : Gateway GPRS Support Node) qui relient le

réseau opérateur au monde extérieur. Entre les SGSN et les GGSN, existe un réseau paquet quelconque (le plus souvent un réseau IP).

Pour gérer les données relatives aux utilisateurs (position dans le réseau, abonnement…), on retrouve les bases de données qui avaient été introduites dans le GSM : HLR (Home Location Register), VLR (Visitor Location Register) et EIR (Equipment Identity Register).

II.3.3 Domaine d'accès radio (UTRAN)

Contrairement aux deux autres domaines qui reprennent des concepts existants, le domaine d'accès radio est complètement différent. [5]

On y retrouve l'approche modulaire qui domine l'UMTS, la signalisation étant séparée du transport des informations. Il en découle donc deux catégories de protocoles :

- Les protocoles du plan utilisateur.
- Les protocoles du plan de contrôle.

L'UTRAN comporte la strate d'accès qui est reliée aux autres strates par des points d'accès de services de trois types :

- Services de contrôle commun (diffusion d'informations générales).
- Services de contrôle dédié (pour un utilisateur spécifique).
- Services de notification (diffusion d'informations non pas à toute la cellule mais à des utilisateurs spécifiques).

Les éléments constituant l'UTRAN sont les stations de base (ou NodeB) et les RNC (Radio Network Controller). Un RNC et plusieurs stations de base forment un sous-système radio ou RNS (Radio Network Subsystem).

Les paramètres de l'UTRAN [6] sont résumés dans le tableau 1.2 :

Mode	FDD	TDD
Accès multiple	DS-CDMA	TD-CDMA
Débit chip	3.84 Mchip/s	3.84 ou 1.28 Mchip/s
Espacement entre porteuses	4.4 à 5 MHZ avec un pas de 200 Khz	
Durée d'une trame	10 ms	
Structure d'une trame	15 time slot par trame radio	
Modulation	QPSK	
Facteurs d'étalement	4 à 512	1 à 16
Codage canal	Pas de codage, codes convolutifs (1/2 ou 1/3), ou Turbo codes (1/3)	

Tableau 1. 2 : Paramètres de l'UTRAN.

L'UTRAN est découpé en couches :

- Une couche physique PHY.

- Une couche de partage des ressources MAC (Medium Access Control).

- Une couche de fiabilisation du lien radio RLC (Radio Link Control).

- Une couche d'adaptation des données PDCP (Packet Data Convergence Protocol) et une entité transverse, le RRC (Radio Ressource Controller), qui contrôle le tout.

- Une couche BMC (Broadcast Multicast Control) qui traite le service de diffusion dans une cellule ou un ensemble de cellules.

Ces couches correspondent aux couches 1 et 2 du modèle de l'OSI, même si certaines fonctions du RRC peuvent être rattachées à la couche 3 de l'OSI.

Toujours dans une optique de modularité de l'UMTS, sous la couche physique se trouvent des canaux physiques, entre la couche physique et la couche MAC des canaux de transport et entre MAC et RLC des canaux logiques. Ces canaux représentent des points d'accès de services rendus par la couche inférieure à la couche supérieure.

La figure 1.2 représente la structure générale du réseau UMTS et décrit ses différents composants et les interconnexions existants entre eux.

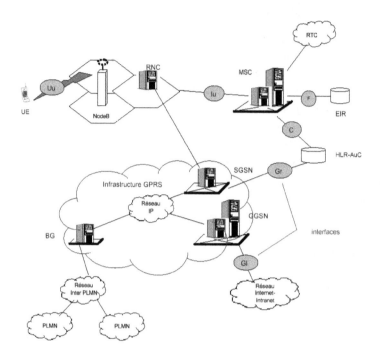

AuC	AUthentification Center	HLR	Home Location Register
BG	Border Gateway	MSC	Mobile-services Switching Center
EIR	Equipment Identity Register	PLMN	Public Land Mobile Network
GGSN	Gateway GPRS Support Node	RNC	Radio Network Controller
SGSN	Serving GPRS Support Node	RTC	Réseau Téléphonique Commuté

Figure 1. 2 : Architecture de l'UMTS.

II.4 Contrôle de puissance

Pour l'ensemble des utilisateurs partageant la même porteuse large bande, un contrôle de puissance précis et rapide est nécessaire pour assurer que tous les utilisateurs soient reçus avec le même rapport signal à bruit requis par service.

Le contrôle de puissance doit ainsi permettre de compenser l'effet proche lointain et éviter qu'un utilisateur proche de la station de base ne brouille complètement un utilisateur situé en bordure de cellule [7]. Le contrôle de puissance est configuré au niveau de l'interface radio en fonction du mode d'accès (TDD : Time Division Duplex ou bien FDD : Frequency Division Duplex) et en fonction des canaux mis en jeu (canaux communs ou dédiés et canaux de contrôle ou bien de trafic).

II.5 Handover

Afin d'éviter les coupures en bordure de cellule et pour assurer la continuité des appels des utilisateurs mobiles, un mécanisme de transfert inter-cellulaire appelé handover a été introduit. Il existe plusieurs types de handover.

- Le hard handover : C'est le même mécanisme de handover qu'en GSM. On le nomme ainsi car la communication est potentiellement interrompue avant que d'autres liens radio se substituent aux liens initiaux. Il s'agit d'un mécanisme d'inter fréquence entre porteuses WCDMA (Wide band CDMA), ou vers un autre mode, ou vers une autre technologie. Dans le cas d'un mobile disposant d'une seule chaîne de réception, il consiste à utiliser un mode de transmission intermittent (slotted mode ou mode compressé) au niveau de la station de base, afin de laisser le temps au mobile de réaliser les mesures radio sur la voie balise et les canaux de contrôle des cellules UMTS ou GSM cible.

- Le soft Handover : Le mécanisme de macrodiversité permet aux mobiles d'établir plusieurs liens radio simultanés avec les meilleures stations reçues, sélectionnées sur la base du rapport signal sur bruit. Grâce à ce mécanisme, les mobiles peuvent basculer d'une cellule à l'autre d'une manière transparente en passant par une phase où les deux cellules sont reçues simultanément : c'est le principe du Soft handover. On pourra le rencontrer entre deux stations de base dépendant d'un même RNC, de deux RNC différents dépendant ou non d'un même réseau. Durant un soft handover, sur le lien montant, le mobile se trouve dans la zone de couverture de deux cellules.

Deux signaux sont donc reçus par le mobile et combinés par le MRC (Maximum Ratio Combining).

Sur le lien descendant, le canal du mobile est reçu par les deux stations de base et les données reçues sont routées et combinées au niveau du RNC. Cela permet de sélectionner la meilleure trame parmi les deux reçues et ceci est fait à chaque période d'entrelacement.

Le softer handover n'est qu'une variante du soft handover où le mobile se trouve dans une zone de couverture commune à deux secteurs adjacents d'une même station de base. Deux codes d'étalement doivent être alors utilisés sur le lien descendant afin que le mobile puisse distinguer les signaux issus des deux secteurs. Ces deux signaux sont reçus par le mobile grâce au récepteur en râteau, le générateur de codes doit alors fournir les codes correspondants aux deux signaux afin de désétaler correctement ces derniers.

Sur le lien montant, les signaux provenant du mobile sont reçus par les deux secteurs de la station de base et routés vers le même récepteur en râteau. Les signaux sont ainsi combinés au niveau de la station de base. Durant le softer handover, une seule procédure de contrôle de puissance est active.

II.6 Composante satellite des systèmes mobiles de 3G

Les systèmes de satellites offrent par nature une grande couverture et sont donc d'un précieux apport dans l'obtention d'un service universel tel que celui que vise l'UMTS. Le système à satellites viendra en complément de couverture à l'infrastructure cellulaire dans les zones où celles-ci sont soit peu rentables, soit difficilement déployables. La composante spatiale de l'UMTS (S-UMTS) est formée d'un ensemble de systèmes à satellites. Chacun de ces systèmes à satellites forme un "réseau d'accès" constituant une composante du service UMTS et doit à ce titre se raccorder de la manière la plus transparente possible au réseau cœur UMTS selon les interfaces normalisées.

III. Qualité de service dans l'UMTS

L'objectif des systèmes de troisième génération est de fournir la qualité de service adéquate pour chaque requête. Il faut, pour cela, pouvoir différencier les requêtes et les traiter individuellement. C'est du service intégré. Quatre mécanismes permettent de fournir la qualité de service :

- Le contrôle d'admission qui vérifie si les ressources sont disponibles au niveau de chaque routeur.
- La réservation des ressources.
- Le classificateur de paquets qui, au niveau de chaque routeur, détermine à quel flot appartient le paquet.
- L'ordonnanceur de paquets qui émet ensuite les paquets sur le lien en accord avec les ressources réservées.

III.1 Le contrôle d'admission

III.1.1 Le contrôle d'admission pour les applications CBR (Constant Bit Rate)

Dans ce cas, le CA est simple car la source est entièrement définie par son débit. La session ne sera acceptée que si le débit demandé par la source, ajouté au chargement courant d'un lien, est inférieur à la capacité du lien et ce, pour tous les liens de la route. La session pourrait être refusée si la route ne permet pas de garantir son délai maximal toléré. En cas de refus, la session est soit mise en file d'attente pour une acceptation ultérieure si un lien se libère, soit refusée tout simplement.

III.1.2 Le contrôle d'admission pour les applications VBR (Variable Bit Rate)

Le CA (Contrôle d'Admission) pour ces applications est plus complexe car ces dernières ont des débits variables avec des périodes de rafales. La difficulté est donc de caractériser les sources VBR pour évaluer les ressources nécessaires à leur qualité de service tout en s'assurant que leur comportement variable ne nuira pas aux autres applications. Suivant la modélisation de la source, plusieurs stratégies de CA sont proposées :

- **CA basé sur le débit maximal de rafales**

Ce CA considère la source VBR comme une source CBR dont le débit serait le débit maximal de rafale. Cette stratégie a l'avantage d'être simple et rapide mais elle conduit à une sous-utilisation des ressources et à des refus abusifs des requêtes par rapport aux ressources disponibles en pratique.

- **CA basé sur le pire cas**

Il est possible grâce à certaines politiques d'ordonnancement des paquets de garantir des débits minimaux, des taux de pertes maximaux et des délais de pire cas, évalués à partir du pire cas où toutes les sessions VBR enverraient des paquets en rafales au même temps dans le réseau. Les ressources sont alors réservées en fonction du pire cas, ce qui entraîne aussi une sous-utilisation des ressources.

- **CA basé sur des garanties statistiques de qualité de service**

Avec ce CA, les applications doivent tolérer une faible probabilité que leurs exigences de qualité de service ne soient pas respectées à un instant donné. Le comportement des sources est évalué de façon statistique pour éviter les sur-estimations liées aux CAs précédents. Plusieurs modèles sont proposés dans la littérature pour évaluer la bande passante équivalente d'une source VBR et la capacité équivalente de plusieurs sources VBR multiplexées. La capacité équivalente permettra au CA d'évaluer la bande passante résiduelle et les ressources à réserver pour la nouvelle requête. Le modèle le plus répandu est celui d'une source markovienne à deux états : état où la source n'émet pas et l'état où elle émet. En supposant que les périodes de rafales et d'inactivité sont distribuées exponentiellement, la source est complètement caractérisée par trois paramètres :

- le débit maximal de rafale

- la fraction du temps où la source est active,

- la durée moyenne d'une période de rafales.

- **CA basé sur des mesures du comportement des sources**

Ce CA effectue des mesures sur le comportement des sources acceptées pour éventuellement renégocier les ressources réservées si la source se comporte différemment de ses spécifications initiales (débit moyen, durée des rafales et débit maximal). Le danger de ce type de CA est qu'il suppose que les mesures sont un bon indicateur du comportement futur de la source. De plus, ce type de CAC est difficile à implémenter en raison des nombreux calculs mais il permet, d'un autre côté, d'optimiser l'utilisation des ressources.

III.2 La réservation des ressources

La réservation des ressources est un mécanisme de signalisation entre les entités émettrice et réceptrice. Interserv a adopté RSVP (Ressources reSerVation Protocol) comme protocole de signalisation. Ce protocole est particulièrement adéquat pour les connexions à plusieurs utilisateurs (plus de deux), comme c'est souvent le cas avec la vidéo conférence. Avec ce protocole, l'émetteur envoie un PATH-message qui informe les routeurs de la création d'une route. A la réception de ce message, le destinataire renvoie un message de réservation qui contient l'information sur la demande en ressources du destinataire. Avec ce protocole, c'est donc le destinataire qui initie la réservation. Le message de réservation dicte aux routeurs les ressources à réserver sur la route. Si un nouveau destinataire veut se joindre au groupe en faisant une demande de connexion, il envoie un message de réservation jusqu'à un routeur déjà activé par le PATH-message. La réservation des ressources se fait alors jusqu'à ce routeur, les ressources étant déjà réservées depuis ce routeur jusqu'à l'entité émettrice. La réservation des ressources est ainsi associée au groupe des utilisateurs plutôt qu'à une connexion.

III.3 L'ordonnancement des paquets

Une fois les critères de qualité de service définis et les ressources réservées, l'objectif est de fournir la qualité de service appropriée pour chaque requête. Il faut, pour cela, pouvoir différencier les requêtes et les traiter individuellement. Une classification des paquets est effectuée au niveau des routeurs pour les placer dans la file d'attente attribuée à la connexion. Puis, l'Ordonnanceur de paquets sert chaque file d'attente en accord avec les ressources réservées pour la connexion. Un Ordonnanceur de paquets doit pourvoir répondre aux exigences suivantes :

- la simplicité pour faciliter le traitement de chaque file d'attente,

- l'équité et la protection entre les connexions,

- les garanties (déterministes ou statistiques) pour le débit, le délai, la gigue et le taux de pertes,

- l'efficacité dans le partage des ressources pour le contrôle d'admission.

Conclusion

Dans ce chapitre nous avons introduit les systèmes radio mobiles de troisième génération, ainsi que les différents services et applications qui représentent le principal objectif de cette évolution, et en particulier les concepts de base de l'UMTS.

La présentation de l'architecture UMTS a été concise. Ce choix est justifié par la nécessité d'évoquer uniquement les éléments de configuration qui auront un impact direct sur les applications et services multimédias à développer et à déployer par la suite.

Dans le chapitre suivant nous allons introduire donc les modèles de trafic que suivent ces services ainsi que la notion de la mobilité dans de tels systèmes.

Chapitre 2 : Modèles de trafic et de mobilité dans les systèmes 3G

Introduction

L'intégration de la transmission de données en mode paquet dans les réseaux radio mobiles 3G a donné naissance au développement de diverses applications au sein de tels réseaux ainsi que leur interconnexion aux réseaux extérieurs.

Exploiter les privilèges de la 3ème génération des réseaux mobiles, fournir les ressources de transmission nécessaires pour l'application mobile, faciliter l'usage économique de l'interface radio et prendre en considération les intérêts des opérateurs : un soin particulier a été pris dans la conception du système UMTS, objectif principal de cette étude.

Cependant, une modélisation des applications et des différents types de trafic supportés est nécessaire pour une telle étude.

Nous nous intéressons dans ce chapitre à présenter les modèles de trafic et de mobilité existants dans la littérature ainsi que ceux que nous avons considéré dans le cadre de ce travail, et à introduire la notion de QoS dans le système UMTS.

I. Modèles de trafic

I.1 Classes de services

La croissance exponentielle des services mobiles a été alimentée par plusieurs facteurs, en particulier les grandes évolutions technologiques dans le domaine des télécommunications : de ce fait, on touche de nos jours une diversité au niveau des services mobiles.

Selon les spécifications 3GPP [9] on distingue quatre classes de services en se basant sur la qualité offerte :

- La classe de trafic conversationnel (*Conversational class*),

- La classe de trafic à flux continu (*Streaming class*),

- La classe de trafic interactif (*Interactive class*),

- La classe de trafic en mode téléchargement (*Background Class*).

I.1.1 Services de type conversationnel

C'est l'ensemble des applications permettant la conversation directe entre plusieurs utilisateurs (voix, vidéoconférences,…). Cette classe de services est caractérisée par :

- Faible délai de transmission,

- taux de distorsion du signal limité

- conversion des relations temporelles du flux multimédia.

Pour ce type de service, la qualité de service est spécifiée par référence à la perception de l'utilisateur qui permet de dégager des seuils d'appréciation du service tels que la distorsion maximale tolérée du signal audio/vidéo reçu et le retard maximal à la réception.

I.1.2 Services à flux continu

C'est l'ensemble des applications temps-réel caractérisées par un flux de données quasiment continu dans le temps, de grandes contraintes de QoS relatives à la sensibilité aux erreurs et synchronisation entre les entités.

Parmi les exemples typiques de telles applications figurent les applications vidéo conférences.

I.1.3 Services Interactifs

C'est l'ensemble des applications non temps-réel, c'est-à-dire qui n'ont pas de contraintes de synchronisation comme la consultation de bases de données distantes, Internet et autres, caractérisées par une contrainte relative à la reconstitution sans erreurs des données transmises. Pour un taux d'erreurs binaire BER ou un taux d'erreurs bloc BLER (pour les services en mode paquet) fixé à l'avance, il est impératif de mettre en œuvre toutes les procédures de protection contre les erreurs, en particulier les procédures de retransmission.

I.1.4 Services en mode téléchargement

C'est l'ensemble des applications non temps-réel mais qui ont lieu dans un seul sens (Mode téléchargement). Au niveau de la qualité de service, la seule contrainte à respecter est de pouvoir reconstituer à la réception, le message transmis sans erreurs (en respectant un

BLER seuil). Et à l'inverse des applications interactives, aucune contrainte temporelle n'est imposée. Dans cette classe on trouve des applications comme le courrier électronique, le transfert de fichiers, transfert de mesures etc.

I.2 QoS dans les réseaux mobiles 3G

I.2.1 Définition de la QoS

La QoS a été introduite chez l'ISO (International Standard Organisation) et ITU-T (International Telecommunication Union) comme « un ensemble d'exigences de qualité sur le comportement collectif d'un ou de plusieurs objets ». Autre définition similaire est introduite par l'IETF (Internet Engineering Task Force) : « La qualité de service désigne la manière dont le service de livraison de paquets est fourni et qui est décrite par des paramètres tels que la bande passante, le délai de paquet et les taux de perte ».

La QoS peut être caractérisée alors par différents critères de performance de base qui incluent la disponibilité, le taux d'erreurs, le temps de réponse, le temps d'établissement de connexion, le débit de données, la perte de connexion ou de données à cause de la congestion du réseau et la rapidité de détection et de correction d'erreurs.

I.2.2 Paramètres de QoS

Basé sur la classification fondamentale des services cités précédemment, le présent paragraphe identifie les paramètres [10] de chaque classe de trafic.

I.2.2.1 Paramètres des services de type conversationnel et à flux continu

La détermination de ces paramètres de QoS est nécessaire pour l'allocation des ressources dans l'UMTS. Nous citons :

- **Débit binaire maximal :** malgré la variation du débit binaire de la source conversationnelle et de la source de streaming, c'est-à-dire les codeurs vidéo et audio, les classes de trafic conversationnelles et streaming sont considérées à flux constant. Par conséquent un débit binaire maximal peut être utilisé pour spécifier la valeur maximale du débit avec lequel le bearer UMTS pourra délivrer l'unité de service de données (SDU : Service Data Unit) au niveau du point d'accès au service (SAP : Service Access Point). Le bearer UMTS n'est pas obligé de véhiculer un trafic dépassant le débit garanti qui peut être défini comme un paramètre pertinent de QoS pour l'allocation de ressources. Le besoin minimal en ressources est déterminé par le débit garanti.

- **Délai de transfert :** Vu la sensibilité des classes conversationnelles et streaming au délai de transmission, il est nécessaire de spécifier un moyen pour garantir un délai de transfert d'un SDU donné. Le délai de transfert maximal pour le trafic conversationnel est de 100 ms alors qu'il est de 250 ms pour le streaming. Les bearers des classes conversationnelles et streaming sont probablement implémentés dans le RAN (Radio Access Network) sans retransmission sur la voie radio. Par conséquent, le transport sur le RAN est plus efficace si la taille des paquets des données utilisateur transmis sur la liaison radio est adaptée à la taille du SDU bearer UMTS. Pour cette raison, l'insertion d'une information sur le format de SDU est justifiée.

- **Intégrité des données :** Ce paramètre est nécessaire pour la spécification des profils des erreurs tolérées. En effet, les exigences des applications en taux d'erreur sont spécifiées par l'utilisation des facteurs suivants : taux de perte de SDU, taux d'erreur binaire résiduelle et le nombre de SDUs erronés.

I.2.2.2 Paramètres des services Interactifs et Backround

Ces classes de trafic sont optimisées pour le transport des interactions des humains ou des machines avec un équipement distant. Les caractéristiques de la source de trafic sont inconnues.

- **Débit binaire maximal :** Le débit du trafic généré par ces classes est variable, il peut accroître pour utiliser toute la bande passante disponible. Dans le but de limiter le débit des données délivrées aux applications et aux réseaux externes, l'introduction du paramètre débit binaire maximal est nécessaire.

- **Priorité pour le trafic :** Il est indispensable de différencier entre les qualités de bearer dans la classe interactive. Néanmoins, cette approche présente un inconvénient, il est impossible de combiner cette approche avec les attributs spécifiant le débit, le délai, la perte des paquets etc. Un bearer interactif est incapable de garantir une qualité absolue, mais la qualité d'un bearer dépend de la charge du réseau et des règles de contrôle d'accès établies par l'opérateur du réseau.

- **Intégrité des données :** L'unique attribut additionnel de QoS qui peut être raisonnablement spécifié est l'intégrité des données reçues. Les paramètres « *taux de* *perte de SDU »*, *« Taux d'erreur binaire résiduelle »* et le *« nombre de SDUs erronés »* peuvent être utilisés.

- **Allocation/réservation de priorité :** Ce paramètre est introduit pour spécifier l'importance relative d'un bearer UMTS par rapport aux autres bearer. Il permet de différentier les abonnés en définissant des catégories d'abonnement permettant aux opérateurs d'offrir des niveaux d'inscription aux utilisateurs (classe économique, classe VIP etc.).

Dans ce contexte, il est important de noter qu'il est inefficace de réserver des ressources dans le réseau pour le trafic de classe interactive ou backround à cause de sa variabilité.

Le tableau ci-dessous résume les caractéristiques des classes de services.

Classe de trafic	Classe conversational	Classe Streaming	Classe interactive	Classe background
Caractéristiques essentielles	- Conversation en temps réel. - Préserve le séquencement entre les entités d'information dans le flot. - Délai non perceptible	- Diffusion en temps réel. - Préserve le séquencement entre les entités d'information dans le flot.	- Mode interactif au mieux. - Motif de requête/réponse. - préserve le contenu.	- pas de contrainte sur le temps d'arrivée. - préserve le contenu.
Applications	Voix, visiophonie	vidéo en diffusion continue en temps réel	Navigation sur le web.	Chargement de message électronique.

Tableau 2. 1 : Caractéristiques des classes de services.

I.3 Présentation des modèles de Trafic

La spécification de la charge du réseau suppose une connaissance préalable des caractéristiques des services de point de vue trafic. Pour pouvoir analyser le comportement du réseau nous avons besoin de connaître quelques statistiques permettant de décrire l'activité de chaque type d'application pour ne pas s'écarter de la réalité. Dans notre étude, nous allons considérer cinq modèles de trafic à savoir :

- Voix : service de première classe.

- Flux multimédia : service de deuxième classe.

- Web (www) : service de troisième classe.

- FTP : service de quatrième classe.

- Email : service de quatrième classe.

I.3.1 Modèle de la Voix

La parole est un service temps réel, dont la contrainte du temps est indispensable pour la génération de ce type de services. [11]

C'est le modèle classique : l'arrivée des appels téléphoniques suit le processus de Poisson caractérisé par un taux moyen d'appel de 0.2 appel /heure, la duré d'un appel est un processus exponentiel de moyenne 150s (voir annexe B).

I.3.2 Modèle du Flux Multimédia

Ce type d'applications mobiles utilise le codage MPEG [12]. C'est pour cela que les modèles d'un tel type de trafic sont basés sur ce type de codage. MPEG classe les trames multimédia en trois types:

- Trame I (Intra) : placée au début d'un GoP (Group of Pictures) et ne nécessite aucune autre trame pour être décodée, caractérisé par un faible taux de compression.

- Trame P (prédites) : utilise les trames I et P qui la précèdent. Caractérisée par un taux de compression meilleur que celui de I.

- Trame B (bidirectionnelle) : utilise les trames I et P qui la précèdent et les trames P futures. Caractérisée par le taux de compression le plus élevé.

Chaque GoP présente 12 trames : 1I, 3P et 8 B.

I.3.3 Modèle du flux Internet

Basé sur la consultation des sites Web et donc la consultation des pages HTML : le flux de données peut être divisé en plusieurs sessions de consultation du Web. Une session est caractérisée par des périodes de téléchargement des datagrammes, périodes d'inter-arrivés des datagrammes et des périodes de lecture (périodes de silence).

Les caractéristiques statistiques de ce modèle sont [13]:

- L'occurrence des sessions est un processus de Poisson.
- Au niveau session :

- Le nombre d'appel de pages HTML suit une distribution géométrique de moyenne typique $\mu = 5$ appels/session.

- Le temps de lecture des pages HTML suit une distribution exponentielle de moyenne μ_{lec}, avec $1/\mu_{lec}$ entre 4 et 12 s.

- Le nombre de datagrammes par appel suit une distribution géométrique de moyenne $\mu_{dgm} = 10$ dgm/appel.

- La durée d'inter-arrivée des datagrammes est une distribution exponentielle dépendant du débit de transmission sur le réseau (voir tableau 2.2).

Débits (kbps)	Temps d'inter-arrivée (ms)
8	500
32	125
64	62.5
144	27.7
384	10.7
2048	1.95

Tableau 2. 2 : Caractéristiques du flux Internet.

La figure 2.1 nous montre les différents constituants d'une session Internet [13] :

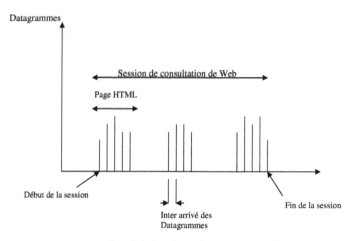

Figure 2. 1 : Flux de données pour une session Web.

Nous avons déjà défini l'application Web pour une session, cependant l'allocation de ressources pour une session peut être réalisée de trois façons :

- Réserver durant toute la session : réduction importante de la signalisation relative à l'établissement des connexions radio mais constitue un gaspillage de ressources à cause du grand écart entre la durée moyenne d'une session et celle d'une communication utile. (périodes de silence et temps d'intèrarrivés des datagrammes).

- Allouer un canal de transmission à débit constant durant le téléchargement de la page Web courante, et donc éviter l'occupation du canal pendant les phases de silence mais augmentation de la signalisation (allocation/libération des ressources). On obtient ainsi une exploitation maximale du canal radio.

- Allouer le canal durant le transfert d'un datagramme à débit variable, mais ceci risque d'augmenter d'une façon très importante la signalisation.

II. Modèles de Mobilité

La mobilité de l'utilisateur et la diversité de son comportement sont des caractéristiques très importantes qui doivent être prises en compte pour pouvoir effectuer une analyse performante du réseau UMTS. En effet, dans le but de planifier ou d'optimiser le déploiement des services, nous avons besoin de localiser les usagers et d'étudier leur mobilité, et c'est dans ce cadre que réside l'importance de la modélisation de la mobilité.

La modélisation de la mobilité se base sur l'analyse de trois aspects :

- Aspect lié à la gestion de la localisation.

- Aspect lié à la gestion des ressources radio.

- Aspect lié à la propagation (Handover, fading, etc.).

Cette modélisation tente de décrire le comportement de mobilité des usagers. Ainsi nous pouvons représenter un modèle de mobilité générique [14] par la figure 2.2 :

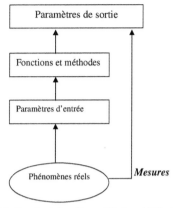

Figure 2. 2 : Représentation d'un modèle de mobilité générique.

Nous définissons trois modèles de mobilité de base [14] selon l'environnement considéré des utilisateurs :

- Le modèle de zone urbaine *(The city area model)*.
- Le modèle de ville *(The Area zone model)*.
- Le modèle à base de rues *(The street Unit Model.)*

II.1 Modèle de zone urbaine

Ce modèle se compose d'un ensemble de régions connectées via des grands axes routiers (à hautes capacités).

II.1.1 Paramètres d'entrée

- Paramètres géographiques :
  - ➤ Le réseau routier composé d'axes routiers privilégiés et d'autres secondaires.
  - ➤ Les grandes routes: les rues les plus fréquentées reliant les zone urbaines.

- Population :
  - ➤ Comportements des mobiles.
  - ➤ Analyse du trafic : type de services, quantité, horaires etc.

- Périodes prises: Heures de pontes, évènements particuliers, etc.

II.1.2 Paramètres de sortie

- Il y a une variété de statistiques pour une zone de localisation donnée :
  - Quantité de mis à jour de localisation pour une zone de localisation donnée.
  - Distribution des utilisateurs.
  - Vitesse moyenne des utilisateurs.
  - Pourcentage des usagers mobiles.
  - etc.

- Des stratégies de localisation (paging) permettant de minimiser la signalisation

II.2 Modèle de ville

Ce modèle se compose d'un réseau routier et d'un ensemble de blocs ou de constructions représentants les zones résidentielles.

II.2.1 Paramètres d'entrée

- Paramètres géographiques :
  - Constructions : types résidentiels, commerciaux, stations de métro...
  - Réseau routier.

- Population :
  - Comportement des mobiles : déterminé par les conditions de mobilité du réseau de la rue, plusieurs variables comme le temps de passage d'un croisement vers un autre, probabilité qu'un passager se trouvant dans un croisement choisit une direction qu'une autre, etc.
  - Analyse du trafic : profiles de services, taux d'appels entrants, etc.

- Périodes prises : Heures de pontes, évènements particuliers, etc.

II.2.2 Paramètres de sortie

- Signalisation et paramètres liés au trafic :
  - Taux d'utilisation des ressources.
  - Taux de Handover.
  - Temps de séjour d'un utilisateur dans une cellule.

- Aspects liés à la QoS :
  - Probabilité de blocage.
  - Nombre de handover par appel.

II.3 Modèle à base de rues

Ce modèle se compose de trois types de rues :

- Grandes rues : caractérisées par une vitesse élevée des mobiles, grand flux de trafic.
- Rues à faible trafic contrôlé.
- Rues à grande priorité.

II.3.1 Paramètres d'entrée

- Paramètres géographiques : composés de rues connectées par des croisements où chaque rue est caractérisée par sa longueur, nombre de voies, sa capacité (nombre de voitures/heure).
- Période prises : heures de pointes.
- Comportement des utilisateurs et des véhicules : vitesses de déplacement, etc.
- Densité des véhicules.

II.3.2 Paramètres de sortie

- Durée moyenne de séjour d'un utilisateur.
- Nombre d'utilisateurs dans une rue à un moment donné.
- Taux de transition d'une rue vers une autre.

Dans notre étude nous pouvons adopter un de ces trois modèles ou même une combinaison de ces modèles. A priori, un modèle simplifié peut être représenté par la combinaison des deux derniers modèles, c'est-à-dire que nous pourrons réaliser notre simulation sur un modèle théorique comportant un ensemble de constructions représentant les zones résidentielles, les centres commerciaux, les zones de travail, etc., ainsi que des grandes rues les reliant, et présentant ainsi les déplacements des utilisateurs. Le modèle considéré va être présenté dans le chapitre suivant.

III. Modèles de mobilité existants dans la littérature

Plusieurs modèles ont été développés en partant des trois modèles de base cités dans le paragraphe précédent. Dans ce qui suit, nous allons présenter quelques modèles de mobilité utilisés pour décrire le comportement des usagers.

III.1 Modèle de Markov

Ce modèle [15] essaye de déterminer la direction du mobile au cours de son déplacement en affectant différentes probabilités pour des cellules voisines différentes. On suppose que le mobile est localisé dans une cellule i. A chaque intervalle de temps, le mobile peut soit rester dans la même cellule avec une probabilité $\Pr(i/i)$, soit changer de cellule en se déplaçant vers une cellule j avec une probabilité égale à $\Pr(j/i)$.

Donc les préférences des utilisateurs sont caractérisées par ces probabilités. Le temps de séjour résidence dans une cellule est décrit par une distribution géométrique.

Ce modèle prend en considération la direction du mobile, mais il ne tient pas compte des déplacements antérieurs de chaque utilisateur qui peuvent aider énormément dans la prédiction du comportement des utilisateurs.

III.2 Modèle de Markov avec historique des mouvements

Ce modèle tient compte des déplacements antérieurs des utilisateurs [16]. En effet, quant un mobile se déplace d'une cellule vers une autre voisine, le choix de la cellule destinatrice se base sur la liste des cellules qu'il a déjà parcourues et donc sur ses déplacements antérieurs et parcours. Le comportement de l'utilisateur est ainsi approximativement déterminé.

Ce modèle est plus riche en information que les deux précédents.

III.3 Modèle de flux fluide

Ce modèle caractérise le déplacement de tous les utilisateurs comme étant un flux fluide. Les utilisateurs mobiles sont supposés se déplacer avec une vitesse moyenne, et leur direction de déplacement est uniformément distribuée sur $[0, 2\pi]$. On suppose que les utilisateurs sont uniformément répartis avec une densité égale à ρ et la longueur de la frontière de la région de localisation est égale à L. le taux des utilisateurs qui quittent la région de localisation est donnée par [17] :

$$c = \frac{\rho \, V \, L}{\pi} \qquad \text{(2.3)}$$

Ce modèle est précis au niveau des frontières des zones de localisation. L'une de ses limites est qu'il ne décrit que la mobilité de l'ensemble total des utilisateurs et donc il est très difficile de l'appliquer à un scénario dans lequel on désire modéliser le mouvement de chaque utilisateur à part.

III.4 Modèle de mobilité basé sur deux états

Ce modèle de mobilité propose deux états : l'état 0 et l'état 1 pour modéliser la mobilité de l'utilisateur [18].

A l'état 0, l'utilisateur possède une vitesse nulle, alors qu'à l'état 1 il a une vitesse constante k m/s. Le temps passé dans chaque état suit une distribution exponentielle avec comme paramètres respectifs r_0 et r_1. Cette définition peut être décrite par une chaîne de Markov CMTC (Continuous Time Markov Chain) à deux états de transitions dont leurs taux sont égaux à r_1 et r_2 figure 2.3).

Les paramètres de ce modèle incluent la probabilité d'être à l'état 0 ou à l'état 1 lorsqu' il y a un nouvel appel qui entre en service et la distance parcourue par un utilisateur depuis sa mise en service dans cette cellule. Ce modèle de mobilité peut modéliser différents types d'utilisateurs dont certains sont définis comme suit :

- Utilisateur stationnaire ou avec une vitesse constante : pour le cas stationnaire, la probabilité de commencer à l'état 0 est égale à 1 et le taux de transition de l'état 0 à l'état 1 est nul ($r_0=0$). Pour le cas d'un utilisateur avec une vitesse constante, la probabilité de commencer à l'état 1 est égale à 1, le taux de transition de l'état 1 à l'état 0 est nul ($r_1=0$) et la vitesse est une constante égale à une valeur k choisie.

- Utilisateur suivant un mouvement « Repeated Stop and Go motion »: r_0 et r_1 sont égales à une valeur finie supérieure à 0 et la vitesse est fixée à une valeur k choisie. Cette sélection des paramètres va engendrer un modèle qui alterne entre deux états : un état 0 où la vitesse de l'utilisateur est nulle et un état 1 où sa vitesse est constante. Ce modèle peut être utilisé pour le trafic des véhicules dans des routes congestionnées (en négligeant le temps d'accélération et de désaccélération) ou pour modéliser des piétons en plein centre ville. Les déplacements « Stop and Go » ou « Go and Stop » peuvent être modélisés de la même manière.

Figure 2. 3 : Modèle de mobilité à deux états.

Ce modèle est moins réaliste que le précédent vu que l'état du mobile est le même quel que soit l'environnement où il se trouve. En plus, il ne tient pas compte de la direction mais seulement de la vitesse.

Conclusion

Dans ce chapitre nous avons décrit les modèles de trafic et de mobilité existants dans la littérature. Nous avons décrit aussi les méthodes de garantie de QoS dans le but de dégager ultérieurement quelques statistiques sur notre système, ainsi que certains critères de performances. Ceci représente le sujet de notre application qui sera une plateforme de simulation fournissant de tels critères, en se basant sur le développement de modèles de mobilité et de modèles de trafic.

Dans le chapitre suivant, nous nous intéressons donc à la conception de la plateforme ainsi qu'à la description de nos modèles adaptés dans le cadre de ce travail.

Chapitre 3 : Développement des modèles et conception de la plateforme d'étude

Introduction

Nous avons présenté dans le chapitre précédent quelques modèles de mobilité existants dans la littérature ainsi que les modèles de trafic utilisés dans les systèmes de 3ème génération. De tels systèmes opèrent dans un environnement de trafic multiservices, incluant les services multimédia large bande.

Dans ce chapitre, nous décrivons les modèles adoptés dans le cadre de ce projet et la conception générale de la plateforme d'étude. L'objectif de cette plateforme est de fournir des mesures et des simulations via des modèles proches de la réalité, afin de dégager des mesures qui seront utiles lors de la phase de configuration d'un système 3G.

I. Définition des modèles

I.1 Présentation

Notre étude se base essentiellement sur l'élaboration de plusieurs scénarios que nous allons définir suivant des créneaux horaires et les changements de profils utilisateurs selon leurs besoins et leurs déplacements.

Cette approche consiste à construire des modèles de mobilité se basant sur un modèle de zones et un modèle horaire. Nous définissons d'abord nos modèles de zones, les types d'utilisateurs et les profils que nous allons considérer pour l'établissement des scénarios.

Modèles de zones	Types d'utilisateurs	Profils utilisateurs
Quartier résidentiel	VIP	Voix
Centre ville	Enfants	News
Centre commercial	Divers	Jeux
Zone industrielle		Courrier électronique
Zone de loisirs		Météo
Axes routiers		Trafic routier

Tableau 3. 1 : Définition des modèles.

I.2 Classification des profils utilisateurs

Les profils utilisateurs sont classés selon les services offerts par le système. Nous distinguerons quatre modèles de trafic, à savoir : voix, multimédia, FTP et Internet tel qu'illustré dans le tableau 3.2 :

Profils des utilisateurs	Modèle de trafic	Classe de trafic
Voix	Voix	conversationnel
News	Modèle du flux Internet	Service en mode téléchargement
Jeux	Multimédia	Service interactif
Courrier électronique	FTP	Service en mode téléchargement
Météo	Multimédia	Service interactif
Trafic routier	Multimédia	Service interactif

Tableau 3. 2 : Classification des profils utilisateurs.

I.3 Définition de l'environnement considéré

Comme nous venons de le mentionner, l'environnement concerné par notre étude est formé de plusieurs zones interconnectées via des axes routiers, constituée chacune par plusieurs cellules. Dans notre étude, nous allons nous concentrer sur la mobilité des usagers entre des zones d'activité, c'est-à-dire que nous allons ignorer la mobilité à l'intérieure d'une cellule donnée. Par hypothèse, nous considérons aussi que le déplacement des usagers se fait selon les axes routiers privilégiés.

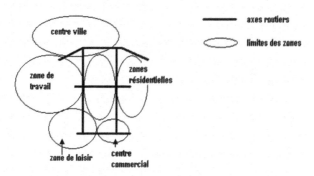

Figure 3. 1 : Environnement d'étude.

Chaque zone d'activité est formée par un nombre de cellules, et contiendra donc une partie de l'ensemble des utilisateurs dans l'environnement considéré.

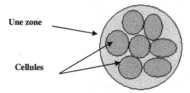

Figure 3. 2 : Modélisation d'une zone d'activité.

Dans la suite, nous nous focalisons sur la mobilité des usagers entre deux cellules adjacentes appartenant à deux zones différentes. C'est à dire, nous supposons que le flux entrant à une zone d'activité ne provient que des cellules qui sont à la périphérie de la zone d'activité adjacente et donc à la frontière avec cette zone d'activité. Les handovers à l'intérieur d'une même zone d'activité ne sont pas inclus dans cette étude.

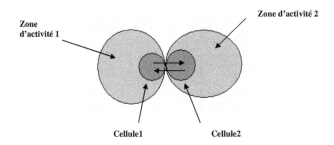

Zone d'activité 2

Zone d'activité 1

Cellule1   Cellule2

Figure 3. 3 : Mobilité entre 2 zones.

I.4 Définition des scénarios de mobilité

Le territoire que nous venons de définir se compose de quartier résidentiel, Centre ville, Centre commercial, zone industrielle et zone de loisirs. Nous avons défini six scénarios selon un modèle horaire tenant compte des heures d'activité des usagers et des heures creuses. Ces scénarios présentent les déplacements des usagers entre les différentes zones d'activité ainsi que les changements de leurs types et de la capacité de la demande. Le tableau 3.3 récapitule les scénarios de mobilité quotidienne des usagers :

Horaire	Modèle de mobilité	Profils utilisateurs
De 7 h à 8 h	• Départ vers les zones industrielles, et donc concentration des usagers sur les grands axes routiers	• **Services principaux**: (grande priorité) ➤ News ➤ Météo ➤ Trafic routier ➤ voix
De 8 h à 12 h et de 14 h à 17 h	• Concentration des usagers dans les zones industrielles, et donc faible trafic sur les axes routiers ainsi que dans les zones résidentielles	• **Services principaux** ➤ Voix ➤ Courrier électronique
De 12 h à 14 h	• Heures de déjeuner : concentration dans les centres commerciaux, centres villes, ainsi qu'une augmentation du nombre des usagers dans les zones résidentielles	• **Services principaux** ➤ Voix ➤ Courrier électronique ➤ news

De 17 h à 20 h	• Départ des zones industrielles vers les zones résidentielles : concentration sur les axes routiers	• **Services principaux**: (grande priorité) ➤ Voix ➤ Divers
De 20 h à 22 h	• Concentration des usagers dans les quartiers résidentiels	• **Services principaux**: (grande priorité) ➤ News ➤ Météo ➤ Voix
De 22 h à 7 h	• Concentration des usagers dans les quartiers résidentiels	• **Services principaux**: (grande priorité) ➤ Voix ➤ Multimédia : jeux

Tableau 3. 3 : Scénarios de mobilité.

II. Développement des scénarios et des modèles de mobilité

II.1 Modèle de transition entre deux zones

Nous nous proposons de déterminer le flux des usagers passants d'une zone à une autre qui lui est adjacente. Ceci est d'une importance majeure lors de la phase de la configuration du réseau radio mobile 3G vue l'augmentation importante du besoin en ressources au sein du réseau, et donc la nécessité d'optimiser l'affectation de ces ressources. La prédiction de ce flux permettra alors d'assurer la disponibilité des services à tout moment lors du déplacement du mobile en augmentant le taux de réussite d'un handover pour les différents types de profils.

II.1.1 Hypothèses

- Hypothèse 1 : le déplacement des usagers entre les zones se fait via des axes routiers privilégiés.
- Hypothèse 2 : les utilisateurs d'une même zone (respectivement cellule) sont répartis uniformément sur toute la zone (respectivement cellule).
- Hypothèse 3 : la transition entre deux zones se fait uniquement à travers leurs deux cellules adjacentes à la frontière.

II.1.2 Modélisation de la mobilité

Les mobiles en cours de communication sont représentés par trois paramètres : la vitesse, la position et la durée de communication, et seront pondérés par un taux de direction :

- Position : elle représente l'emplacement du mobile dans la cellule. Par hypothèse, nous avons considéré que le mobile se déplace via les axes routiers principaux, et donc nous pouvons admettre qu'au niveau de la cellule de transite, les mobiles qui peuvent transiter se situent sur l'axe routier la reliant à l'autre zone. Partant d'ici, la position se simplifiera en un seul coordonné sur l'axe représentant la longueur de la route.

- Durée de communication : elle dépend du type de l'application et de la loi de trafic qu'elle suit.

- La vitesse : nous considérons une vitesse moyenne pour chaque axe routier : ceci dépendra du type des mobiles (piétons ou véhicules).

- Taux de transition : il dépend du scénario de mobilité. A titre d'exemple, à 8 h du matin, un mobile se déplaçant sur l'axe routier reliant les zones résidentielles aux zones de travail a plus de probabilité d'avoir une transition vers les zones de travail que vers les zones résidentielles.

On pourra déterminer le flux de transition entre les différentes zones comme suit :

- Calculer la distance que le mobile pourra traverser pendant sa durée de communication (Nous connaîssons sa vitesse).

- Si cette distance est suffisante pour lui permettre de transiter, en tenant compte de sa position sur l'axe routier, il sera ajouté au nombre d'utilisateurs transitant.

II.2 Développement des scénarios de mobilité

Pour cette tâche, nous partons d'un état initial qui représente la distribution des usagers au début de la journée, ce qui correspond au début de notre simulation. La distribution va être modifiée suite au déplacement des utilisateurs à travers toute la journée. Ce déplacement va être modélisé par des matrices que nous appellerons matrices de transition (annexe A).

Nous définissons :

- Zones résidentielles : « 1 »
- Zones Industrielle : « 2 »

- Centre ville : « 3 »

- Centre commercial : « 4 »

- Zone de loisir: « 5 »

Une matrice de transition A dont les éléments sont (a_{ij}), doit obéir à la condition suivante :

$$\sum_{j=1}^{j=5} a_{ij} = 1 \qquad i = 1,..,5 \qquad\qquad \textbf{(3.1)}$$

Où a_{ij} représente le pourcentage des mobiles qui se trouvent dans la zone i et qui se déplaceront vers la zone j. Si $(i=j)$ cela représente le pourcentage de mobiles qui demeurent dans la même zone. Par exemple : $a_{12} = 0.25$ signifie que 25% des usagers de la zone résidentielle se dirigent vers la zone industrielle.

La conception de ce modèle est décrite dans le diagramme suivant :

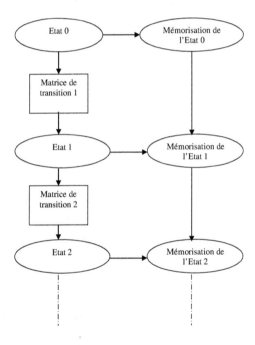

Figure 3. 4 : Conception du modèle de mobilité.

II.3 Aspects mathématiques

Nous avons déjà mentionné que la modélisation des déplacements des utilisateurs sera caractérisée par les matrices de mobilité (voir Annexe A), cependant cette mobilité va être représentée mathématiquement ainsi :

Nous posons :

- $Z_{i,j}$: nombre d'utilisateurs dans la zone i pendant l'horaire j.

- i représentera alors la zone considérée, et comme nous avons choisi notre modèle de 5 zones, alors i varie de 1 à 5.

- j représentera la tranche horaire : nous avons choisit une étude basée sur 6 tranches horaires (de 7 h à 8 h, de 8 h à 12 h, de 12 h à 14 h, de 14 h à 15 h, de 15 h à 18 h et de 18h à 20 h). Il s'agit donc de suivre l'utilisateur pendant toute la journée, j allant de 0 à 5.

- Nous avons défini alors 6 matrices de transition (une matrice pour chaque créneau horaire).

Nous aurons ainsi la relation suivante :

$$Z_{i,j+1} = \sum_{k=1}^{5} a_{k,i} \cdot Z_{k,j} \quad , \quad i=1,..,5 \quad j=0,..,5 \tag{3.2}$$

⟹ Cette équation traduit la distribution des utilisateurs de la zone i pendant le créneau horaire j.

Il est évident d'après cette équation que nous avons besoin de connaître la distribution initiale des usagers pour pouvoir estimer leurs distributions dans les différents créneaux horaires. Donc au début de la simulation, il est nécessaire d'inscrire cet état initial. Nous avons choisi de l'appeler Etat 0, et il représente la distribution des usagers à 7h 00.

III. Génération des Modèles de trafic et de mobilité

Plusieurs aspects sont étudiés ou mis en œuvre dans le cadre de ce projet. En effet, la plateforme de simulation que nous allons mettre en place devrait offrir la possibilité de rapprocher les modèles de simulation des modèles réels à travers les mesures qu'elle va offrir. C'est pour cette raison que nous avons adopté plusieurs simulations pour toucher de proche les défis et les problèmes qu'on peut confronter lors de dimensionnement et planification d'un système 3G. Nous aurons donc des simulations évaluant des statistiques de handover et les indicateurs de qualité de service tel que les taux de blocage, bande passante par usager, etc. En outre, nous nous sommes intéressés au maximum de services en considérant les modèles génériques de la voix, le web et les applications vidéo. Ceux-ci représentent déjà les principaux types de services classés dans le chapitre précédent.

III.1 Génération des modèles de mobilité

La mobilité est introduite dans plusieurs simulations à travers ses différentes composantes, que ce soit vitesse, longueur des routes, distribution des usagers etc.

- Les vitesses par exemples vont êtres choisies par l'utilisateur de la plateforme dans plusieurs simulations comme paramètres d'entrée, où on fixe donc les vitesses maximales, les vitesses minimales ou les vitesses moyennes selon le cas de la simulation. Ceci a été adopté pour rendre la plateforme flexible et adaptable à plusieurs cas de figures.
- La distribution des usagers est simulée, et comme nous l'avons déjà cité, à travers les matrices de transition, pour dégager ensuite les paramètres qui nous intéressent.
- Les longueurs des routes sont aussi fixées par l'utilisateur selon le modèle qu'il voulait simuler. Nous trouverons des cas de figures nécessitant des longueurs maximales et minimales pour quelques types de simulations.

III.2 Génération des modèles de trafic

Les modèles de trafic sont générés selon les lois dont elles obéissent, et dont nous avons parlé dans le deuxième chapitre. Pour cela nous avons mis à la disposition de l'utilisateur le choix du type de trafic considéré (voix, web ou vidéo). En outre, dans quelques simulations il pourra aussi fixer lui-même les capacités des liens, ou le nombre d'abonnés dans ce service pour avoir des simulations très proches à son système.

IV. Conception de la plateforme de simulation

Dans la conception du système, l'utilisateur de la plateforme contribue de manière très flexible au choix des paramètres de simulation : ceci a pour objectif de le rapprocher de ses besoins et pouvoir ainsi obtenir des résultats qui peuvent êtres appliqués directement au processus de dimensionnement. Il pourra ainsi obtenir des statistiques et des prédictions concernant les ressources nécessaires, les heures de pointe pour les différentes zones, la mobilité des usagers etc.

Cette étape de simulation est d'une importance majeure lors du dimensionnement du réseau car elle permet d'économiser les ressources, d'éviter les « mauvaises surprises » et d'avoir une configuration adéquate du système en premier temps, puis essayer de l'optimiser une fois le réseau est opérationnel, et les statistiques réelles des performances du système seront disponibles.

La conception du système est représentée par une succession d'étapes : chaque étape sera modélisée par une fenêtre dans laquelle l'utilisateur peut soit introduire ses données spécifiques, soit choisir un type ou un modèle de simulation d'après ce qui lui est exposé. Les étapes de la simulation seront faciles à mettre en œuvre dès la première utilisation de notre système que nous avons essayé d'y maintenir un couplage entre l'efficacité et la simplicité. L'utilisateur sera donc guidé dès le début de sa simulation jusqu'à sa fin et l'obtention des résultats.

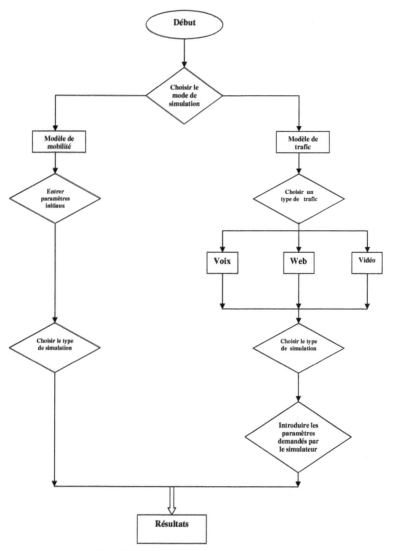

Figure 3. 5 : Diagramme de conception de la plateforme.

Conclusion

Dans ce chapitre nous avons défini l'approche que nous avons adoptée pour la mise en œuvre de la plateforme d'étude. Nous avons présenté les scénarios et introduit les modèles de mobilité pour les zones d'activité. Dans le chapitre suivant, nous allons décrire la réalisation du logiciel, ses applications et ses performances. Pour cela, des simulations seront présentées et des résultats seront fournis afin d'analyser le comportement et l'état d'une configuration de réseau.

Chapitre 4 : Réalisation et Interprétations

Introduction

Ce chapitre présente la plateforme développée et l'environnement logiciel qui a servi à ce développement. Nous présentons les tâches réalisées, les capsules de simulation et nous illustrerons des simulations qui nous montreront l'utilité de la plateforme et ses domaines d'application.

I. Environnement logiciel

I.1 Choix du logiciel

Pour le développement de notre application, nous avons eu recours à Matlab, version 6.5. Ce logiciel représente l'environnement le plus convenable pour notre réalisation car il dispose d'une base de fonctions déjà implantées et nécessaires pour la modélisation des lois de différents modèles de trafic. Cet aspect nous a fait gagner en terme de temps de développement. En outre, Matlab a très évolué par rapport à ses premières versions en terme de capacité de développement et en particulier dans la création des interfaces graphiques, qui représenteront en fait les boites de dialogue entre l'utilisateur et la plateforme de simulation 3G.

D'autre part, Matlab est principalement un logiciel de simulation, et donc il nous a paru indispensable de profiter de cette propriété dans notre application dont le principal rôle est aussi de simuler de modèles et des scénarios.

I.2 Librairies de Matlab

Durant le développement de ce projet, nous avons eu recours à plusieurs fonctions Matlab pour pouvoir réaliser notre travail.

Des fonctions telles que : *poissrnd, geornd ou exprnd* ont été très utiles pour la génération des modèles selon des processus aléatoires (poisson, exponentielle, géométrique etc).

D'autres fonctions comme *plot, bar et bar3* ont été aussi très utiles pour la représentation des résultats sous forme de courbes, histogramme 2D ou histogrammes 3D selon le type du résultat ou la forme envisagée (variations, niveaux etc.).

Matlab intègre aussi des fonctions d'analyse numérique, de calcul matriciel et de visualisation graphique 2D et 3D ce qui a allégé notre tâche, surtout par rapport à ce qui aurait être fait avec un autre langage de programmation.

II. Réalisation et Interprétations

Une fois notre programme lancé, la fenêtre décrite par la figure 4.1 est affichée. Elle représente la première rencontre avec la plateforme de simulation 3G, dans laquelle nous avons introduit brièvement le cadre et le groupe de travail. A partir de cette fenêtre, nous pouvons accéder aux autres interfaces pour commencer les simulations.

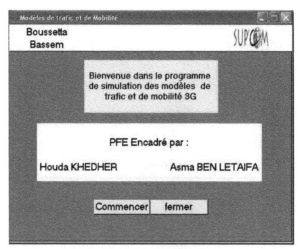

Figure 4. 1 : Page d'accueil.

La 2ème étape est de choisir le mode de simulation ; nous distinguons 2 modes : celui des modèles de mobilité et celui des modèles de trafic, (voir Figure 4.2).

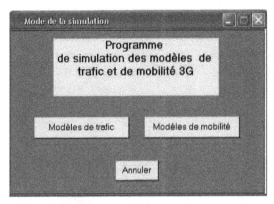

Figure 4. 2 : Modes de simulation.

II.1 Simulation des modèles de mobilité

Dans cette partie, nous pouvons avoir une idée sur la mobilité des usagers durant une journée, à partir de 7h du matin jusqu'à 20h. Cette mobilité apparaît sous forme de variations du nombre d'usagers au sein d'une même zone d'activité pendant des créneaux horaires différents, des variations du nombre d'usagers entre les différentes zones considérées etc. L'utilisateur de la plateforme devrait dans cette partie fixer le nombre d'usagers initial (à 7h 00) pour chacune des 5 zones pour pouvoir ensuite suivre la distribution des usagers et localiser les zones denses ainsi que les heures chargées.

II.1.1 Etude de cas

Dans la figure 4.3, nous réalisons une étude de cas, en commençant évidemment par fixer les états initiaux selon notre choix.

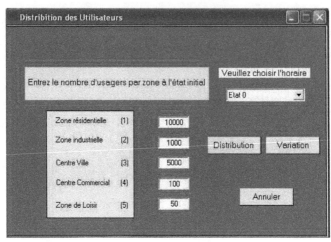

Figure 4. 3 : Etude de cas 1.

Plusieurs résultats peuvent être extraits de cette simulation, à savoir la distribution des utilisateurs dans chaque tranche horaire, les maximums relatifs et leurs localisations, la variation pendant les différents créneaux horaires etc. la figure 4.4 représente la variation du nombre d'usagers dans les différentes zones entre 14 et 20h.

II.1.2 Résultats et interprétations

Les résultats s'obtiennent selon deux formes : histogrammes ou des courbes. Dans le menu de la simulation, l'utilisateur peut choisir l'horaire de la simulation, puis presse le bouton « Distribution » pour afficher les résultats (figure 4.4 et 4.5).

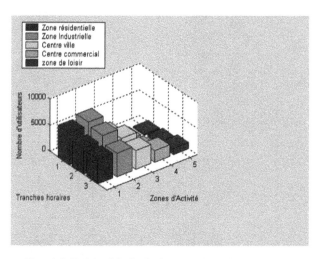

Figure 4. 4 : Variation de la distribution des usagers entre 8h et 14 h.

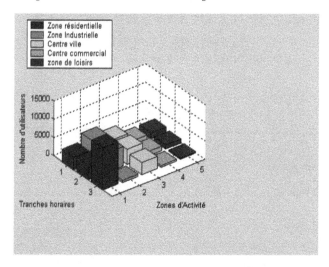

Figure 4. 5 : Variation de la distribution des usagers entre 14h et 20 h.

Nous pouvons encore obtenir la variation totale pour les différentes zones en utilisant le bouton « Variation », (voir figure 4.6).

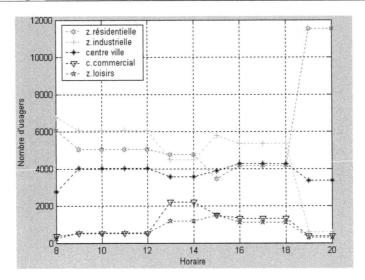

Figure 4. 6 : Variation du nombre d'usagers pendant une journée.

D'après ces courbes, nous pouvons affirmer que les zones résidentielles ainsi que les zones industrielles représentent les principales zones en terme de densité d'utilisateurs. Un pic important se manifeste pour les zones résidentielles vers 20h. Cependant, le centre ville présente une densité presque uniforme pendant toute la journée, qui diminue à sa fin. Le centre commercial et la zone de loisirs présentent une activité importante surtout entre 12 et 14 h, ceci peut être traduit du fait que ces périodes de la journée sont en principe les temps de repos pour les travailleurs, où une grande partie des travailleurs en profite pour déjeuner, faire des achats divers.

L'important alors sera de prendre en considération ces statistiques lors de la phase de déploiement et de configuration d'un réseau pour éviter un gaspillage ou une pénurie de ressources au niveau de chaque zone. Nous pouvons de plus utiliser ces statistiques de mobilité comme paramètres entée pour l'étude du trafic vu que les résultats obtenus pour les deux modes de simulation sont complémentaires.

Il est possible aussi de dégager les maximums relatifs de chaque zone durant la journée en choisissant dans la barre de menu « Max_usagers/zone » comme le montre les figures 4.7

et 4.8. Ces maximums sont utiles pour la configuration des capacités des liens en tenant compte de la population au niveau de chaque zone.

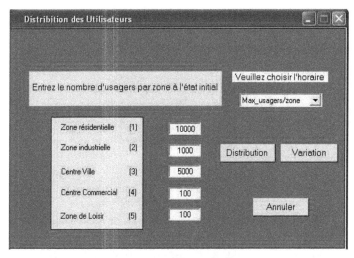

Figure 4. 7 : Etude de la distribution des usagers

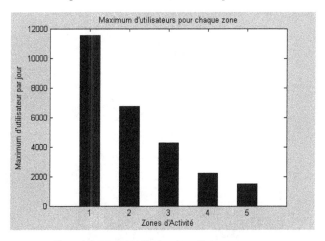

Figure 4. 8 : Maximum d'usagers pour chaque zone.

II.2 Simulation des modèles de Trafic

Dans notre application, trois types de trafic sont disponibles : Voix, Web ou Vidéo. L'utilisateur doit alors choisir le type dans la fenêtre de la figure 4.9. Dans chaque type de trafic, plusieurs types de simulations sont réalisables, à savoir handover, variation du nombre de handovers en fonction des vitesses des mobiles, taux de blocage, etc.

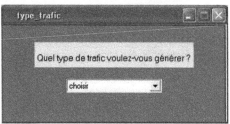

Figure 4. 9 : Modèle de trafic.

Une fois l'usager choisit un modèle de trafic, il passe directement à l'étape suivante qui est l'étape de simulation. Pour cela nous exposons une démonstration à partir d'une étude de cas dans laquelle nous choisissons le trafic vidéo. Dans ce cas la fenêtre de la figure 4.10 apparaît :

Figure 4. 10 : Etude de cas du trafic vidéo.

II.2.1 1er cas : Etude d'une application vidéo

Dans ce cas de figure, l'utilisateur inscrit le nombre maximal d'usagers qui peuvent coexister dans son système et la capacité du lien qu'il compte consacrée pour le trafic vidéo (en N. 2Mbps), par choix, nous avons fixé le lien, la bande consacrée pour le trafic vidéo un multiple de 2 Mbps. L'exemple est illustré dans la figure 4.11.

Figure 4. 11 : Paramètres d'entrée.

Le résultat s'affiche alors dans la fenêtre de la figure 4.12

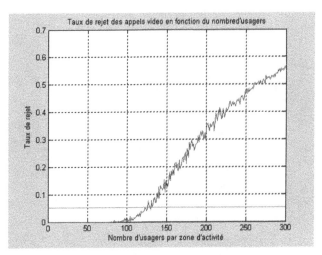

Figure 4. 12 : Résultat de la simulation du taux de rejet.

A partir de cette courbe visualisée par la figure 4. 12, nous pouvons avoir une idée sur le rendement du lien en présence d'un nombre d'usagers ainsi que tester son efficacité en fixant un taux de perte seuil qui ne doit pas être dépassé, sinon nous reconfigurerons le lien pour le tester à nouveau. A titre d'exemple, si l'opérateur exige un taux de rejet qui ne dépasse pas 5 %, alors pour un nombre d'usagers dépassant 120, il devra augmenter le nombre de serveurs ou augmenter la bande passante car le seuil est dépassé au niveau de ce point.

Il est possible encore d'améliorer l'étude des zones d'activité en procédant à poursuivre la variation du nombre d'appels vidéo pendant une journée, dans une zone particulière. La zone considérée sera caractérisée par le nombre d'usagers maximal qui s'y trouvent. Ce paramètre peut être déduit à partir du mode « Modèles de mobilité ». Cette variation est représentée dans la figure 4.13.

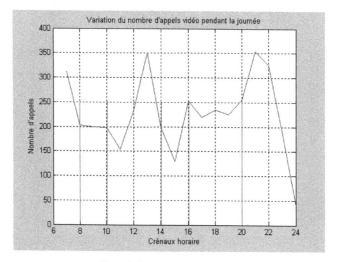

Figure 4. 13 : Variation du nombre d'appels.

Cette courbe permet de donner des informations sur le taux d'utilisation de l'application vidéo pendant les créneaux horaires de la journée. En effet, nous obsevons des pics au niveau de quelques périodes comme celui entre 12 h et 14 h, et surtout entre 20 h et 22 h où la demande des applications vidéo atteint son maximum. Cette variation peut être expliquée tout simplement par le comportement des utilisateurs qui profitent en dehors des heures de travail ou de leurs études (chacun a son occupation) de la disponibilité des applications vidéo pour se relaxer. Le test a été fait pour une zone comportant en moyenne 1000 usagers (par choix).

II.2.2 2ᵉᵐᵉ cas : Etude d'un trafic voix

Dans ce qui suit, nous allons étudier le nombre d'appels qui peuvent donner lieu à un handover selon la variation du nombre de mobiles. Pour ceci, l'usager commence par fixer, la vitesse et le nombre minimal et maximal des mobiles comme ce qui est montré dans la fenêtre de la figure 4.14.

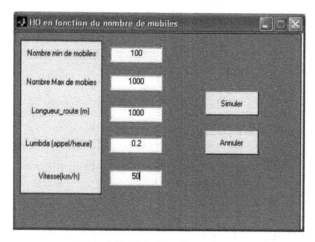

Figure 4. 14 : Etude du handover voix.

Le résultat de la simulation apparaît alors dans la courbe de la figure 4.15.

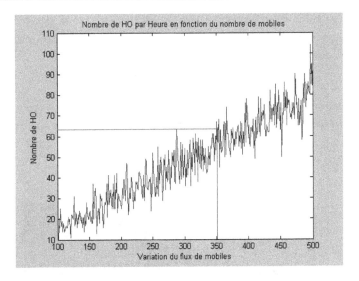

Figure 4. 15 : Handover en fonction du nombre de mobiles.

L'analyse de cette courbe met en évidence l'utilité des statistiques concernant le nombre de handovers se déroulant pour un nombre de mobiles, afin d'y prendre en considération pour la configuration du système 3G. L'objectif est donc de minimiser la probabilité de coupure d'un appel pendant les handovers, en assurant une disponibilité au niveau des ressources de la zone destinatrice.

Cette courbe nous permet d'avoir une idée sur les handovers qui peuvent se produire pendant le déplacement d'un nombre d'usagers d'une zone vers une autre. Ce déplacement se caractérise par la vitesse moyenne des mobiles et par leur flux de transition. Ce flux peut être déduit à partir de l'étude de mobilité. Il est clair ici que le nombre de handovers augmente si le flux d'usagers passants d'une zone d'activité vers une autre augmente, mais ce qui nous intéresse est l'estimation concernant ce nombre : à titre d'exemple, pour un flux de 350 usagers, nous enregistrons envers soixante opérations de handovers, ce qui est un nombre assez élevé. Il peut être expliqué par la vitesse importante des mobiles (50 km/h). C'est-à-dire même si les communications ne durent pas longtemps, il est fort probable qu'elles engendrent un handover en traversant les limites de couverture de la cellule adjacente. Le rôle de l'opérateur réside donc de leur assurer une qualité de communication acceptable pendant ces transferts interzones.

Toujours dans ce même cadre d'étude, nous pouvons encore tester le nombre de handovers selon la variation de la vitesse des mobiles. Ce critère est très important car la vitesse des mobiles est une caractéristique principale des axes routiers privilégiés, qui présentent des vitesses variées en fonction de leurs natures (autoroutes, voies rapides, etc.). La figure 4.16 représente la variation du nombre de handovers en fonction des vitesses moyennes des mobiles.

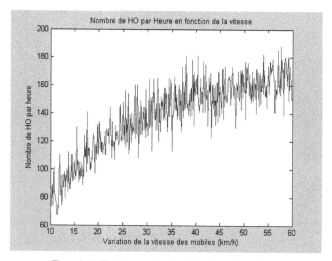

Figure 4. 16 : Handover en fonction de la vitesse des mobiles.

Dans cette simulation, nous avons varié la vitesse moyenne des mobiles entre 10 km/h et 60 kml/h. Le résultat montre que le nombre de handovers augmente rapidement entre 10km/h et 30km/h pour atteindre une valeur seuil, puis il demeure quasi constant. Nous expliquons ce phénomène par le fait qu'au dessus d'une certaine vitesse, le passage à travers la cellule adjacente devient très rapide, donc même si on gagne en nombre d'appels transitant grâce à cette vitesse, nous perdons en taux d'occurrence des appels car la période de transit des mobiles devient de plus en plus courte.

Conclusion

Dans ce chapitre nous avons présenté la plateforme développée sous Matlab, ainsi que son fonctionnement à travers quelques exemples de simulations. Nous avons procédé à évaluer les deux modes, modèles de trafic et modèles de mobilité, via des études de cas et interprétations, présentant en parallèle quelques interfaces utilisateurs et leurs rôles respectifs.

Conclusion générale et perspectives

Dans le cadre de ce projet, nous avons réalisé une plateforme de simulation des systèmes de 3ème génération pour laquelle nous avons construit des modèles de trafic et des modèles de mobilité pour des usagers se localisant dans divers types de zones d'activité. Une telle plateforme sert comme un outil d'aide à la planification et le déploiement des applications de services selon la mobilité et le profil variables des usagers.

Dans la première partie de ce travail, nous avons présenté les concepts de base des systèmes de 3ème génération et nous avons mis en valeur les différentes caractéristiques de la norme UMTS. Ensuite, nous nous sommes intéressés aux modèles de trafic et de mobilité qui représentent déjà une base de notre travail, et que nous avons utilisés pour la caractérisation du trafic et des déplacements des usagers. Dans le troisième chapitre nous avons présenté nos modèles de simulations ainsi que la conception de la plateforme. Dans le chapitre 4 nous avons présenté la réalisation de la plateforme et quelques modèles de simulations, enrichis par des interprétations mettant en valeur l'utilité de ce travail et le cadre de son utilisation.

Le présent travail constitue donc une initiation à la phase de configuration des systèmes de 3ème génération par la mise en place de mécanismes permettant de générer les différents types de trafic. Le trafic dépend de la mobilité des usagers et du changement de leurs profils durant la journée. Un opérateur sera donc mené à suivre ces changements, s'aidant par les résultats de simulations si proche de la réalité, pour aboutir à une configuration convenable lui permettant d'optimiser ses ressources tout en gardant la satisfaction de ses usagers, par une bonne couverture et un niveau de QoS acceptable.

Cette plateforme reste évolutive et peut être améliorée par l'implémentation de simulation concernant une étude de la QoS et des performances des systèmes 3G et ceci par rapport à des paramètres seuils récupérés depuis un opérateur de téléphonie mobile. Nous envisageons encore d'améliorer nos modèles de mobilité par l'obtention de statistiques réelles en vue de rendre les matrices de transition plus proches de la réalité. Il est possible aussi d'introduire le concept de l'adjacence en ajoutant d'autres zones à la plateforme étudiée qui se situent éloignés les une des autre afin de s'approcher de plus en plus des cas réels (zones urbaines, rurales etc). Cet outil peut encore être étendu par l'implantation d'un module qui caractérise les jours de fêtes nationales, les week-ends ou même les grandes compétitions sportives.

Bibliographie

[1] Jean-Michel Cornu, "Mobilité 3G", http://www.fing.org , 30/10/2001.

[2] Stephane Girodon, "De la 2G vers la 3G'', www.girodon.com, Juillet 2002.

[3] 3GPP TS 23.107, "Quality of Service Concept and Architecture", December 2002.

[4] H.Holma, A.Toskala, "WCDMA for UMTS, Radio Access for Third Generation Mobile Communications", John Wiley & Sons, 2000.

[5] T. Lucidarme, "Principes De Radiocommunication De troisième génération ", 2002.

[6] H.Holma, A.Toskala, "WCDMA for UMTS, Radio Access for Third Generation Mobile Communications", John Wiley & Sons, 2000.

[7] P. Lescuyer, "UMTS Les Origines L'Architecture La Norme", Dunod, 2001.

[8] 3GPP TS 23.107 V 3.4.0, UMTS: QoS concept and architecture, release 1999(2000-   06).

[9] Harri Holma and Antti Toskala, "WCDMA for UMTS Radio Access for Third Generation Mobile Communications", ISBN 0470870966, 2001.

[10] BRASSAC Anne, DARRIEULAT Maya, HADJISTRATIS Emmanuel et ROUSSE David, "Les réseaux sans fil", 2002.

[11] W. Ajib, "Gestion de transmission d'un flux temporaire de donnés dans un réseau radio mobile d'accès TDMA", Rapport de thèse, ENST Paris, 2000

[12] A. M. Dawood, M. Ghanbar i, "Content-Based MPEG Video Trafic Modeling", IEEE Transactions on Multimedia, Vol. 1, No. 1, March 1999.

[13] W. Ajib, "Gestion de transmission d'un flux temporaire de donnés dans un réseau radio mobile d'accès TDMA", Rapport de thèse, ENST Paris, 2000.

[14] John G. Markoulidakis, George Lyberopoulos, Dimitrios F. Tsirkas, and Efstathios   D.Sycas "Mobility Modeling in Third-Generation Mobile Telecommunications Systems", IEEE Personnel Communications. Mag., Vol. 4, Issue. 4, pp. 41-56, August 1997.

[15] A.Bar-Noy, I. Kessler, and M. Sidi, "Mobile Users: To Update or Not to Upadte?" ACM/ Baltezer J.Wireless Networks, Vol. 1, No. 2, pp. 175-195, July 1995.

[16] M. M. Zonoozi, P. Dassanayake, "User Mobility Modeling and Characterization of Mobility Patterns", IEEE J. Select. Areas communications, Vol. 15, No. 7, pp. 1239-1252, September 1997.

[17] U. Madhomw, M. Honig, and K. Steiglitz, "Optimization of Wireless Resources for Personal Communications Mobility Tracking", IEEE/ACM Trans. Networking, Vol.3, No. 4, pp. 698-707, December1995.

[18] H. Heffes, K.M. Ryan, "User Mobility And Channel Holding Time in Mobile Communications", IEEE Transactions on Vehicular Technology Conference, Vol. 2, No. 47, pp, 577-581, May 1997.

Annexe

A Matrices de transition

➤ 7-8h

	1	2	3	4	5
1	0.30	0.50	0.17	0.02	0.01
2	0.50	0.20	28	0.01	0.01
3	0.50	0.30	0.15	0.03	0.02
4	0.30	0.30	0.20	0.15	0.05
5	0.20	0.20	0.20	0.20	0.20

➤ 8-12h

	1	2	3	4	5
1	0.60	0.05	0.30	0.02	0.03
2	0.10	0.80	0.05	0.03	0.02
3	0.20	0.10	0.50	0.15	0.05
4	0.30	0.15	0.40	0.05	0.10
5	0.30	0.05	0.25	0.20	0.20

➤

12-14h

	1	2	3	4	5
1	0.25	0.25	0.30	0.10	0.10
2	0.10	0.70	0.10	0.05	0.05
3	0.20	0.30	0.30	0.10	0.10
4	0.30	0.15	0.30	0.15	0.10
5	0.40	0.05	0.25	0.10	0.20

➢ 14-15h

	1	2	3	4	5
1	0.50	0.05	0.30	0.05	0.10
2	0.10	0.80	0.05	0.03	0.02
3	0.20	0.10	0.50	0.15	0.05
4	0.30	0.05	0.40	0.15	0.10
5	0.30	0.05	0.25	0.20	0.20

➢   15-18h

	1	2	3	4	5
1	0.80	0.02	0.15	0.02	0.01
2	0.80	0.03	0.15	0.01	0.01
3	0.60	0.05	0.30	0.03	0.02
4	0.55	0.05	0.30	0.05	0.05
5	0.60	0.05	0.25	0.05	0.05

➢   18-20

	1	2	3	4	5
1	0.40	0.25	0.15	0.10	0.10
2	0.20	0.45	0.15	0.15	0.05
3	0.30	0.10	0.40	0.15	0.05
4	0.30	0.15	0.30	0.15	0.10
5	0.30	0.05	0.25	0.20	0.20

B Distribution des fonctions descriptives du trafic

1 Distribution exponentielle

Dans la théorie de la télé trafic, on appelle aussi cette distribution la *distribution exponentielle négative*.

En principe, nous pouvons utiliser toute fonction ayant des valeurs non négatives pour modéliser une durée de vie. Cependant, la distribution exponentielle a quelques caractéristiques uniques qui la qualifient à la fois pour les utilisations analytiques et pratiques. La distribution exponentielle joue un rôle clé dans toutes les distributions de durée de vie.

Cette distribution est caractérisée par un seul paramètre, l'*intensité* ou *taux* λ:

$$F(t) = 1 - e^{-\lambda t} \quad , \quad \lambda > 0, \quad t \geq 0 \qquad (1.1)$$

$$f(t) = \lambda e^{-\lambda t} \quad , \quad \lambda > 0, \quad t \geq 0 \qquad (1.2)$$

2 Le processus de Poisson

Le processus de Poisson est le processus de point le plus important. Par le théorème Central-limite, nous obtenons la distribution Normale lorsqu'on ajoute des variables stochastiques. De la même façon, nous obtenons la distribution exponentielle lorsqu'on multiplie des variables stochastiques.

Les autres processus de point les plus appliqués sont des généralisations ou des modifications du processus de Poisson. Ce processus donne une description étonnamment bonne de nombreux processus de la vie réelle, et cela parce que c'est le processus le plus aléatoire. Plus un processus est complexe, mieux il sera en général modélisé par un processus de Poisson.

La pdf du processus de poisson est donnée par :

$$y = f(x/\lambda) = \frac{\lambda^x}{x!} e^{-\lambda} I_{(0,1,...)}(x) \qquad (2.1)$$

3 Distribution géométrique

X est une variable aléatoire géométrique de paramètre p $\in$]0 , 1[si X prend des valeurs entières k non nulle avec la probabilité

$$P_X[X=k] = p.(1-p)^{k-1} \qquad (3.1)$$

Résumé

Ce projet de fin d'études a pour objectif de développer des modèles de trafic et de mobilité afin d'étudier le trafic des systèmes de troisième génération caractérisés principalement par les applications multimédia.

A ce fait, nous avons développé des modèles de trafic et de mobilité que nous avons implémentés dans une plateforme de simulation. Il s'agit en premier lieu de décrire des scénarios de demande de services et de mobilité, ensuite de générer le trafic selon ces modèles et saisir les spécifications de l'utilisateur de la plateforme pour pouvoir à la fin dégager des statistiques et des observations caractérisant le système

Mots clés

Modèle de trafic, Modèle de mobilité, Système 3G, UMTS, Handover.

www.ingramcontent.com/pod-product-compliance
Lightning Source LLC
LaVergne TN
LVHW042345060326
832902LV00006B/403